LOW CARB
ZUM MITNEHMEN

WICHTIGER HINWEIS

Alle Angaben, Ratschläge und Tipps in diesem Buch wurden nach dem aktuellen Wissensstand sorgfältig erarbeitet. Dennoch erfolgen alle Angaben ohne Gewähr. Verlag und Autorinnen haften nicht für eventuelle Nachteile und Schäden, die aus den im Buch gemachten praktischen Hinweisen resultieren. Die in diesem Buch enthaltenen Ratschläge ersetzen nicht die Untersuchung und Betreuung durch einen Arzt.

AUTORINNEN

Anne Peters ist gelernte Köchin und Kochbuchredakteurin. Seit der Geburt ihrer beiden Töchter arbeitet sie freiberuflich als Kochbuchautorin. Ihre Leidenschaft gilt insbesondere alternativen Koch- und Ernährungsformen sowie der Entdeckung fast vergessenen Kochwissens.

Marie Gründel studierte Ernährungswissenschaften an der Justus-Liebig-Universität Gießen. Anschließend arbeitete sie mehrere Jahre in einem führenden deutschen Ratgeberverlag. Heute ist sie als Fachjournalistin für Gesundheits- und Genussthemen tätig.

TEXTE UND REZEPTE

Einleitung: Marie Gründel
Rezepte: Guido Cravelius (S. 95), Marie Gründel (S. 97), Bettina Snowdon (S. 30, 35 und 105), Anne Peters (alle übrigen)

BILDNACHWEIS

Rezeptfotos: Kay Johannsen, Ohmden (S. 95), TLC Fotostudio (alle übrigen)
Schmuckfotos: Fotolia.com: © michaeljung (S. 6), © Daxiao Productions (S. 8), © azurita (S. 10)

BACKOFENTEMPERATUREN

Die Backofentemperaturen in diesem Buch beziehen sich auf einen Elektroherd mit Ober- und Unterhitze. Falls Sie mit Umluft arbeiten, reduzieren Sie die Temperatur um 20 °C. Wenn nicht anders angegeben, die mittlere Einschubleiste zum Backen verwenden.

ABKÜRZUNGEN

ca. = circa	kg = Kilogramm
cm = Zentimeter	KH = Kohlenhydrate
E = Eiweiß	kJ = Kilojoule
El = Esslöffel	l = Liter
F = Fett	ml = Milliliter
FP = Fertigprodukt	Msp. = Messerspitze
g = Gramm	Tl = Teelöffel
kcal = Kilokalorien	TK = Tiefkühlware

MASSE

1 Tl = 5 ml	¼ l = 250 ml
1 El = 10 ml	½ l = 500 ml
⅛ l = 125 ml	1 l = 1000 ml

LOW CARB
ZUM MITNEHMEN

INHALT

LOW CARB

Abnehmen mit Genuss

Kohlenhydrate mussten in letzter Zeit massive Kritik einstecken: Schuld seien sie am stetig steigenden Übergewicht und weiteren Krankheiten. Nudeln, Reis, Kartoffeln, Brot und Brötchen bestimmen nahezu jede Mahlzeit, Kuchen und Gebäck gibt es an jeder Ecke – die gesamte westliche Ernährung ist auf Kohlenhydrate als Hauptenergiespender ausgerichtet. Von Kindesbeinen an gibt es Müsli oder Toastbrot zum Frühstück, Pausenbrot in der Schule, Nudeln oder Pizza zum Mittag und Käse- oder Wurstbrot zum Abendessen. Und das soll jetzt plötzlich krank machen?

Kohlenhydrate sind für den Körper eine wichtige Energiequelle. Doch sind Kohlenhydrate nicht gleich Kohlenhydrate. Kurzkettige Kohlenhydrate, wie Zucker und Weißmehl, werden vom Körper rasch zersetzt, der Blutzuckerspiegel rast in die Höhe und sinkt danach rapide in den Keller. Die Folge: Heißhunger! Ein Teufelskreis entsteht: Diese Kohlenhydrate steigern das Verlangen nach „immer mehr" und begünstigen dadurch Übergewicht mit seinen Begleit- und Folgeerkrankungen wie Diabetes mellitus, Bluthochdruck und Herz-Kreislauf-Beschwerden. Langkettige Kohlenhydrate hingegen, wie sie in Ballaststoffen oder resistenter Stärke enthalten sind, können vom Körper nicht so schnell zersetzt werden. Sie werden erst nach und nach durch die Verdauungsenzyme abgebaut und freigesetzt – so bleibt der Blutzuckerspiegel von hohen Schwankungen verschont und Sie bleiben zudem länger satt.

WUNDERWAFFE LOW CARB

Der Begriff „Low Carb" stammt aus dem Englischen. „Carb" steht für „Carbohydrates" und bedeutet „Kohlenhydrate". Low Carb heißt also nichts anderes als „wenig Kohlenhydrate". Menschen, die Übergewicht reduzieren oder ihrer Gesundheit etwas Gutes tun wollen, reduzieren Kohlenhydrate. Vor allem die kurzkettigen Kohlenhydrate aus Weißmehl und Zucker sollten zu diesem Zweck eingespart und ersetzt werden, denn diese verursachen wie schon beschrieben Blutzuckerschwankungen mit einhergehendem Heißhunger und der Gefahr für Übergewicht. Wer kohlenhydratreduziert isst und seinen Teller mit magerem Protein und guten Fettquellen füllt, kann damit Übergewicht bekämpfen und Gewicht verlieren.

Außer den Blutzuckerschwankungen, die kurzkettige Kohlenhydrate auslösen, werden von der Low-Carb-Bewegung auch die menschlichen Gene als Argument für eine kohlenhydratreduzierte Kost herangezogen. Die These: Schon die Urmenschen haben sich kohlenhydratarm ernährt. Im Sommer gab es wenige Früchte, vor allem aber eiweiß- und fettreiches Fleisch, Pilze und was Wald und Wiesen sonst noch so hergaben. Laut dieser Theorie ist der Mensch also genetisch gar nicht für die hohe Kohlenhydratzufuhr gerüstet und verfettet dementsprechend unter der Last der westlichen Küche.

Um dem zu entgehen, müssen die Kohlenhydrate reduziert werden, es gibt ab jetzt „Low Carb". Low Carb enthält reichlich Eiweiß, welches gut und langanhaltend sättigt. Zwischenmahlzeiten fallen weg, Kalorien werden gespart, das Gewicht sinkt bei guter Laune und sattem Bauch. Außerdem werden durch das Meiden oder Reduzieren von Brot, Brötchen, Gebäck und Süßem viele Kalorien eingespart, was sich wiederum auf der Waage bemerkbar macht.

Doch es gibt noch einen weiteren Grund, warum Low Carb so gut funktioniert: Insulin! Insulin ist ein körpereigenes Hormon, das ausgeschüttet wird, wenn Zuckermoleküle ins Blut gelangen. Sobald sich Insulin im Blut befindet, wird kein Fett mehr abgebaut, da die bevorzugte Energieform des Körpers Zucker ist. Ist der Zucker aus dem Blut verschwunden, greift der Körper auf die Zuckerdepots in Form von Glykogen in Muskeln und der Leber zurück. Und erst wenn auch die Vorräte erschöpft sind, greift der Körper die Fettdepots an. Denn es ist für den Körper sehr mühsam, Fett so umzubauen, dass er dieses als Energie für sich nutzen kann. Deshalb gilt: Solange Insulin im Blut verfügbar ist, kann Mensch machen was er will, die Fettreserven sind blockiert, da gibt es kein Rankommen.

Je mehr Kohlenhydrate verspeist werden, desto schwieriger ist es, die Rettungsringe wieder loszuwerden. Schon ein Glas Apfelschorle am Nachmittag nach dem Joggen reicht, um der Fettverbrennung einen Riegel vorzuschieben. Denn sobald sich Zucker im Blut befindet und Insulin ausgeschüttet wird, ist Schluss mit der Fettverbrennung – egal, wie schweißtreibend und anstrengend der Lauf zuvor war.

 Positive Low-Carb-Effekte

- Macht durch den hohen Proteinanteil länger satt.
- Spart Kalorien, da Zwischenmahlzeiten aus Süßem oder Mehligem wegfallen.
- Ist die Ernährungsform, auf die unser Körper seit der Steinzeit programmiert ist.
- Verhindert eine ständige Insulinausschüttung und ermöglicht dadurch erst den Fettabbau.

DIE ATKINS-DIÄT

Dr. Robert Atkins war ein amerikanischer Kardiologe, der schon in den 70er Jahren die Meinung vertrat, dass eine Ernährung basierend auf Fleisch, Fisch, Eiern und Käse die Pfunde zum Schmelzen bringen würde. Der Fettgehalt spiele dabei keine Rolle. Einzig kohlenhydrathaltige Lebensmittel durften in nur geringen Mengen auf dem Speiseplan stehen.

Zwar nahmen die Menschen damit tatsächlich rasch ab, aber ein hoher Fettverzehr und Kohlenhydratmangel können langfristig zu Herz-Kreislauf-Beschwerden und Nierenproblemen, aber auch zu Obstipation, also Verstopfung, führen. Durch die Einseitigkeit dieser Ernährungsform können wichtige Nährstoffe zu kurz kommen, sie ist potenziell gesundheitsgefährdend und daher nicht zu empfehlen. Dennoch war mit dieser Diät quasi die Idee der Kohlenhydratreduktion zum Gewichtsverlust geboren.

LOW-CARB-VARIANTEN

Während Atkins einen Kohlenhydratanteil von 15 % vorsah, gehen die meisten heutigen Empfehlungen mit der Kohlenhydratmenge moderater um. Eine Variante von Low Carb sieht eine Kohlenhydratmenge von 70–120 g pro Tag vor. Eine andere legt die Kohlenhydratmenge mit weniger als 40 % der Tagesenergiebilanz fest. Wieder andere Varianten berücksichtigen nicht nur die Kohlenhydratmenge, sondern auch die Geschwindigkeit, in der die aufgenommenen Kohlenhydrate den Blutzuckerspiegel erhöhen, da ein schnell in die Höhe schießender Blutzuckerspiegel auch mit einer hohen Insulinausschüttung einhergeht. Das LOGI-Programm (Low Glycemic and Insulinemic Diet) steht etwa für eine solche Variante der Low-Carb-Ernährung, die sehr eiweißreich und zudem zucker- und stärkereduziert ist. Eine weitere kohlenhydratmodifizierte Ernährung sieht nur abends eine Low-Carb-Mahlzeit vor. Der Gedanke dahinter: Wer abends keine Kohlenhydrate isst, zwingt den Körper dazu, nachts zuerst die Kohlenhydratspeicher zu leeren und für weitere Energiegewinnung Fett zu verbrennen.

Das Low-Carb-Programm in diesem Buch sieht eine kohlenhydratmodifizierte Ernährung mit einem Kohlenhydratanteil von unter 40 % am Tag vor (siehe auch Abschnitt „Low Carb: So funktioniert's"). Das lässt sich gut durchhalten, ist im Alltag einfach umzusetzen, und das Abnehmen klappt besser, weil durch die geringeren Insulinmengen der Fettabbau ermöglicht wird.

Ganz ohne Kohlenhydrate kann man zwar eine Zeit lang leben, aber auf Dauer nicht gesund bleiben. Der absolute Verzicht auf Obst, Gemüse, Getreide und weitere Kohlenhydratquellen geht mit einem starken Nährstoffmangel einher und die Risiken für Herz-Kreislauf-Erkrankungen steigen. Außerdem kann eine solch strikte Variante kaum jemand dauerhaft durchhalten. Aus gesundheitlichen sowie motivatorischen Gründen ist es daher nicht zu empfehlen, gänzlich auf Kohlenhydrate zu verzichten.

WORIN VERSTECKEN SICH KOHLENHYDRATE?

Wer auf Kohlenhydrate verzichten oder diese zumindest reduzieren möchte, muss wissen, worin sich diese befinden, teilweise gar verstecken.

Als grobe Faustregel gilt: Alles mit Zucker, Stärke oder Getreide enthält Kohlenhydrate. Damit fallen auch viele Snacks, Lieblingsgerichte und typische Beilagen weg. Konventionelles Brot, Brötchen, Kuchen, Gebäck, Nudeln, Kartoffeln, Reis, Mehl, Pommes, Pizza und Döner – das alles ist nicht mehr in größeren Mengen erlaubt. Ausnahmen (in Maßen) bilden Brot, Brötchen, Kuchen, Gebäck & Co., die mit low-carb-tauglichen Zutaten (u. a. Mehle und Süßungsmittel) hergestellt wurden.

Aber auch die meisten Obstsorten enthalten jede Menge Kohlenhydrate in Form von Fruchtzucker. Versteckte Kohlenhydrate lauern vor allem dort, wo man sie nicht vermutet: in Ketchup, Fruchtjoghurt, gesüßten Pflanzendrinks (Soja-, Hafer-, Reis-, Mandeldrink), Fertigsaucen, Rotkohl im Glas, Crema di Balsamico etc.

WAS IST LOW-CARB-TAUGLICH?

Um sich im Kohlenhydratdschungel zurechtzu-finden, helfen ganz allgemein zwei einfache Faustregeln: Vermieden werden sollten zu viele Kohlenhydrate aus Zucker, Stärke, Getreide und Teigwaren. Zugegriffen werden darf bei Fleisch, Fisch, naturbelassenen Milchprodukten, natur-belassenen Sojaprodukten, Eiern, Nüssen und Samen, Öl, grünem Gemüse wie etwa grüne Bohnen, Gurke oder Mangold.

Das bedeutet allerdings nicht, dass Sie nie wieder Eis oder Brötchen essen dürfen. Das wäre kontra-produktiv, da diese Regeln nur bewirken, dass erst Recht Heißhunger auf das Verbotene ausbricht. Aber: Überlegen Sie einmal, wie oft bei Ihnen Kohlenhydrate auf den Teller kommen. Brot und

Müsli zum Frühstück? Zwischendurch eine Banane oder einen Schokoriegel? Und abends schnell eine Pizza? Genau da können Sie ansetzen!

LOW-CARB-TAUGLICH	NICHT LOW-CARB-TAUGLICH
• Fleisch	• Lebensmittel mit Zucker
• Fisch	• Stärkehaltige Lebensmittel
• naturbelassene Milchprodukte	• Lebensmittel aus Getreide
• naturbelassene Sojaprodukte	• Teigwaren
• Eier	
• Nüsse und Samen	
• Öl	
• grünes Gemüse	

LOW CARB:
SO FUNKTIONIERT'S

Entrümpeln Sie Ihre alten Essgewohnheiten, schmeißen Sie zu viele Kohlenhydrate raus und steigen Sie auf gute Proteinquellen um. Warum nicht mal ein Chia-Sesam-Porridge zum Frühstück oder Omelettrollen mit Schinken in der Mittagspause? Und statt einem Schokoriegel zwischendurch, essen Sie einen zuckerfreien Nussriegel.

Wie schon im Abschnitt „Low-Carb-Varianten" beschrieben, sollte der Kohlenhydratanteil Ihrer Mahlzeiten pro Tag unter 40 % liegen, d.h. maximal 40 % der Gesamtkalorien pro Tag werden durch Kohlenhydrate zugeführt (der Rest fällt auf Fette und Proteine). Kohlenhydrate enthalten ca. 4 kcal pro Gramm. Das bedeutet: Bei einer Gesamtkalorienaufnahme von beispielsweise 1200 kcal täglich machen Kohlenhydrate 120 g aus, bei einer Gesamtkalorienaufnahme von 1800 kcal am Tag liegt die empfohlene Kohlenhydratmenge bei 180 g.

Wenn Sie also gerne mal ein kohlenhydratreicheres Dessert genießen möchten, essen Sie zu den anderen Mahlzeiten etwas, das wenige bis gar keine Kohlenhydrate enthält, z.B. einen Salade niçoise. Am einfachsten behalten Sie die Kontrolle, wenn Sie bei jeder Mahlzeit darauf achten, dass der Kohlenhydratanteil unter 40 % liegt.

Wer abnehmen möchte, sollte darauf achten, eher proteinreich und fettbewusst zu essen. Proteine sättigen langanhaltend und sind daher fester Bestandteil jeder Mahlzeit. Achten Sie bei den Fetten darauf, möglichst viele „gute" Fette, also mehrfach ungesättigte Fettsäuren, zu sich zu nehmen. In der Praxis bedeutet das beispielsweise Oliven- oder Rapsöl statt Butter oder Avocado statt Fleischwurst in den Salat.

 Low-Carb-Regeln

- weniger als 40 % Kohlenhydrate pro Tag
- auf gute Fette achten
- Proteine bei jeder Mahlzeit
- viel Salat und grünes Gemüse
- regelmäßig Nüsse und Samen

Dass eine abwechslungsreiche Low-Carb-Ernährung nicht nur zuhause funktioniert, sondern auch unterwegs oder im Büro, zeigen die folgenden Rezepte. Sie sind allesamt einfach und schnell vorzubereiten und lassen sich gestapelt, gerollt, im Glas oder in der Lunchbox überall hin mitnehmen. So können Sie im Alltag jederzeit stressfrei Low Carb genießen!

KOHLENHYDRATARME LEBENSMITTEL

Fleisch	Schweinefleisch, Rindfleisch, Lammfleisch, Geflügel, Wild, Wurstwaren (Natur)
Fisch	Lachs (Pazifik), Hering (Atlantik), Kabeljau (Ostsee) und andere Fische aus nachhaltiger Fischerei
Gemüse & Salat	Blumenkohl, Brokkoli, Spinat, grüne Bohnen, Auberginen, Sauerkraut, Spargel, Gurken, Tomaten, Zucchini, Weißkohl, Wirsing, Zwiebeln, Rhabarber, Feldsalat, Blattsalat
Obst	Papaya, Brombeeren, Himbeeren, Zitrone, Avocado
Nüsse & Samen	Leinsamen, Pekannüsse, Pistazien, Paranüsse, Mandeln, Macadamianüsse, Kokosnüsse, Mohn
Milch & Milchprodukte	Kuhmilch, Schafmilch, Buttermilch (Natur), Kefir (Natur), Joghurt (Natur), Crème fraîche, Sahne, Schmand, Feta, Frischkäse, Hartkäse, Weichkäse, Mascarpone, Ricotta, Quark
Sojaprodukte	Tofu (Natur), Räuchertofu, Sojaschnetzel, Sojamilch (ungesüßt)
Eier	

AUF DIE HAND

Ruck-zuck satt!

FRIKADELLEN
aus Zucchini und Lachs

1 Die Zwiebel schälen und fein hacken. Mit dem Weißwein und etwas Salz in einem kleinen Topf zum Kochen bringen. Den Lachs hineingeben und auf kleiner Stufe 20–25 Minuten simmern lassen, dabei mehrmals wenden. Das Innere des Fischs muss trocken und faserig sein.

2 Den Fisch aus dem Sud nehmen, in ein Sieb geben und vollständig abtropfen und erkalten lassen. Dann auf einem Teller mit einer Gabel gut zerdrücken.

3 Die Zucchini waschen, trocknen, putzen und fein raspeln. Mit etwas Salz bestreuen, vermengen und Wasser ziehen lassen. Die Zucchinimasse anschließend kräftig ausdrücken und mit allen übrigen Zutaten vermengen. Mit Salz und Pfeffer abschmecken.

4 Die Masse zu gleichmäßig großen Kugeln formen und etwas flach drücken. Das Öl in einer beschichteten Pfanne erhitzen und die Frikadellen darin von beiden Seiten etwa 4 Minuten goldbraun braten.

 2 Portionen

 ca. 20 Minuten
(plus Gar- und Bratzeit)

 Pro Portion ca. 355 kcal/1485 kJ,
28 g E, 26 g F, 4 g KH

ZUTATEN

1 kleine Zwiebel
150 ml Weißwein
Salz
150 g Lachsfilet (ohne Haut)
2 kleine Zucchini
1 Ei
30 g geriebener Parmesan
1 El Mayonnaise
30 g Mandelmehl
1 El gehackter Dill
¼ Tl abgeriebene Schale
von 1 unbehandelten Zitrone
¼ Tl frische Thymianblättchen
Pfeffer

Außerdem
Olivenöl zum Ausbacken

TIPP
Die Kombination aus Zucchini und Lachs punktet mit extrem wenig Kohlenhydraten, wertvollem Eiweiß und gesunden Fettsäuren.

OMELETTROLLEN
mit Schinken

1 Die Eier mit etwas Salz gut verquirlen. In einer beschichteten Pfanne 1 Teelöffel Butter erhitzen und die Hälfte des Eis in die Pfanne geben. Bei geringer Hitze 3–4 Minuten stocken lassen, dann das Omelett vorsichtig wenden und weitere 2 Minuten stocken lassen.

2 Das Omelett auf einen Teller legen, mit 3 Scheiben Schinken belegen, zu einer Rolle formen und abkühlen lassen.

3 Aus den übrigen Zutaten ein 2. Omelett backen, mit Schinken belegen und zu einer Rolle formen. Beide Rollen halbieren und gegebenenfalls mit Zahnstochern fixieren.

 4 Stück

 ca. 10 Minuten (plus Bratzeit)

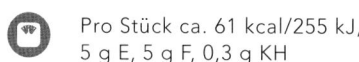 Pro Stück ca. 61 kcal/255 kJ, 5 g E, 5 g F, 0,3 g KH

ZUTATEN
4 Eier
Salz
2 Tl Butter
6 Scheiben
Serrano-Schinken

Außerdem
ggf. Zahnstocher

 **INFO**

Serrano-Schinken ist besonders hochwertiger Schinken, der zwar einen hohen Fettgehalt aufweist, aber dafür auch sehr viel wertvolles Eiweiß liefert.

TIPP
Für die Veggie-
Variante statt
Hühnchen schnitt-
festen Tofu
nehmen.

KOHLPÄCKCHEN
mit Asia-Hühnchen

1 Die Hühnerbrüste waschen und trocken tupfen. Orangensaft, Sojasauce, Honig, Ingwer, Limettensaft und Chilipulver gut verrühren und die Hühnerbrüste mindestens 4 Stunden, am besten über Nacht darin marinieren.

2 Die Möhren waschen, schälen und in feine Streifen schneiden. Die Paprika putzen, waschen, trocken tupfen und in feine Würfel schneiden. Kohlblätter und Schnittlauch waschen und trocken tupfen. Den harten Strunk aus dem Kohl schneiden.

3 Für die Sauce alle Zutaten gut verrühren und mit Chilipulver und Limettensaft nach Bedarf abschmecken.

4 Das Fleisch aus der Marinade nehmen und etwas trocken tupfen. Das Sesamöl in einer Pfanne erhitzen und das Fleisch darin von beiden Seiten ca. 6–8 Minuten braten. Etwas abkühlen lassen und in sehr feine Scheiben schneiden.

5 Die Kohlblätter nebeneinander auf die Arbeitsfläche legen und Möhren, Paprika und Fleisch darauf verteilen. Etwas Sauce und nach Geschmack gehackten Koriander darauf verteilen und die Kohlblätter zu kleinen Päckchen zusammenfalten. Mit dem Schnittlauch fest zusammenbinden.

 8 Stück

ca. 25 Minuten
(plus Marinier- und Bratzeit)

Pro Stück ca. 132 kcal/552 kJ,
13 g E, 8 g F, 4 g KH

ZUTATEN

Für die Kohlpäckchen
3 Hühnerbrüste (à ca. 120 g)
60 ml Orangensaft
30 ml Sojasauce
1 El Honig
½ El geriebener Ingwer
1 El Limettensaft
¼ Tl Chilipulver
2 Möhren
½ rote Paprikaschote
8 große Weißkohlblätter
8 lange Schnittlauchhalme

Für die Sauce
2 El Erdnussbutter
1 El Sojasauce
1 El geriebener Ingwer
1 El Sesamöl
1 Tl Honig
Chilipulver, Limettensaft

Außerdem
3 El Sesamöl zum Braten
frisch gehackter Koriander

KÄSEHÄPPCHEN
mit Forelle

1 Den Backofen auf 180 °C vorheizen und das Muffinblech ausfetten.

2 Die Eier mit Milch, Cheddar und Frischkäse kräftig verquirlen. Die Forelle in kleine Stücke zupfen und mit dem Dill unter die Eiermasse heben. Mit Salz und Paprikapulver abschmecken.

3 Die Masse auf die 6 Mulden des Muffinblechs verteilen und ca. 10 Minuten im vorgeheizten Ofen backen, bis die Masse gestockt und goldbraun ist. In der Form auskühlen lassen.

 6 Stück

 ca. 10 Minuten (plus Backzeit)

 Pro Stück ca. 213 kcal/885 kJ, 16 g E, 15 g F, 3 g KH

ZUTATEN

6 Eier

250 ml Vollmilch

100 g geriebener Cheddar

50 g Frischkäse

100 g geräucherte Forelle

½ Tl fein gehackter Dill

Salz

etwas geräuchertes Paprikapulver

Außerdem

6er-Muffinblech

Fett für die Form

INFO

Da das Rezept ohne Backpulver und Mehl auskommt, werden die Häppchen beim Backen nicht so hoch wie normale Muffins.

PIKANTE MUFFINS
mit Chorizo

1 Den Backofen auf 180 °C vorheizen und die Mulden des Muffinblechs mit Butter ausstreichen. Die gefetteten Mulden mit den Wantan-Blättern auslegen, dabei die Teigränder überstehen lassen.

2 Die Chorizo von der Pelle befreien und in feine Würfel schneiden. Die Hälfte der Chorizowürfel auf dem Teig gleichmäßig verteilen.

3 Die Chilischote von den Kernen befreien, waschen, trocken tupfen und sehr fein hacken. Gleichmäßig auf die Teigmulden verteilen. Je 1 Blatt Koriander oder Petersilie auf den Teig legen.

4 Die Eier einzeln aufschlagen und jeweils 1 Ei vorsichtig in eine Mulde gleiten lassen. Mit etwas Salz bestreuen, die restlichen Kräuterblätter auf den Eiern verteilen und die überstehenden Teigränder ein wenig über die Eier klappen.

5 Im vorgeheizten Backofen 10–15 Minuten backen, anschließend in der Form auskühlen lassen und erst erkaltet vorsichtig herauslösen.

6 Stück

ca. 15 Minuten (plus Backzeit)

Pro Stück ca. 133 kcal/555 kJ, 9 g E, 9 g F, 3 g KH

ZUTATEN
6 Wantan-Blätter
(dünne Teigblätter)
70 g Chorizo
½ rote Thai-Chilischote
12 Blättchen Koriander
oder glatte Petersilie
6 Eier
Salz

Außerdem
6er-Muffinblech
weiche Butter für die Form

TIPP
Wer kein
Schweinefleisch mag,
nimmt einfach
gegartes Hühnchen-
fleisch.

SALATROLLEN
mit Schweinefleisch

1 Frischkäse mit Sahnemeerrettich verrühren und mit Zitronensaft, Salz und Pfeffer kräftig abschmecken. Die Cranberrys grob hacken und unterrühren.

2 Die Gurke und die Salatblätter waschen und trocken tupfen. Die Gurke in feine Stifte schneiden. Das Schweinefleisch fein hacken.

3 Die Innenseiten der Salatblätter mit der Cranberry-creme bestreichen. Gurkenstifte und Schweinefleisch darauf verteilen. Die Blätter an den Seiten etwas zur Mitte hin falten, dann von einer Längsseite aufrollen. Jede Rolle mit 2 Zahnstochern fixieren.

 6 Stück

 ca. 20 Minuten

 Pro Stück ca. 50 kcal/200 kJ, 3 g E, 4 g F, 1,2 g KH

ZUTATEN

80 g Frischkäse
1 El Sahnemeerrettich
1 Spritzer Zitronensaft
Salz
Pfeffer
15 g getrocknete Cranberrys
½ Salatgurke
6 große Blätter Eisbergsalat
100 g kalter Schweinebraten

Außerdem
12 Zahnstocher

 **INFO**

Achten Sie beim Kauf der getrockneten Cranberrys darauf, dass diese nicht gezuckert sind.

SALAMICHIPS
mit Käse überbacken

 2 Portionen

 ca. 5 Minuten (plus Backzeit)

 Pro Portion (10 Chips)
ca. 371 kcal/1550 kJ,
27 g E, 20 g F, 0 g KH

ZUTATEN

20 Scheiben Salami
120 g geriebener Bergkäse
1 Tl edelsüßes Paprikapulver

Außerdem
ggf. Kuchengitter

1 Den Backofen auf 225 °C vorheizen und ein Backblech mit Backpapier auslegen.

2 Die Salamischeiben mit etwas Abstand zueinander auf das Backpapier legen. Den Käse mit dem Paprikapulver vermengen und auf den Salamischeiben verteilen.

3 Im vorgeheizten Ofen 5–10 Minuten backen, bis der Käse knusprig und leicht gebräunt, aber nicht zu dunkel ist. Auf einem Kuchengitter mit Küchentuch abtropfen und auskühlen lassen.

TIPP
Viele Käsesorten sind Low-Carb-tauglich, vor allem Bergkäse, Raclettekäse, Hartkäse (z.B. Parmesan) und Butterkäse.

Knusprig-pikante
MANDELN

1 Limettenblätter und Knoblauch fein hacken und mit den Chiliflocken und Limettenzesten vermischen.

2 Eine Pfanne ohne Fett erhitzen und die Mandeln darin bei mittlerer Hitze und unter sehr häufigem Rühren etwa 15 Minuten rösten.

3 Die Pfanne vom Herd nehmen und das Pflanzenöl und die Knoblauch-Limetten-Mischung hineinrühren. Etwa 30 Sekunden erhitzen, dann die Sojasauce einrühren und mit Limettensaft und gegebenenfalls Salz abschmecken. Gut verrühren und etwa 2 Minuten bei mittlerer Hitze kochen.

4 In eine Schüssel umfüllen und vollständig auskühlen lassen.

 2 Portionen

 ca. 5 Minuten
(plus Röst- und Kochzeit)

 Pro Portion (ca. 65 g)
ca. 498 kcal/2082 kJ,
16 g E, 47 g F, 5 g KH

ZUTATEN
3 Kaffir-Limettenblätter
½ Knoblauchzehe
1½ Teelöffel Chiliflocken
Zesten von ½ Limette
130 g ganze Mandeln
2 El Pflanzenöl
1 El Sojasauce
1 Spritzer Limettensaft
Salz

 INFO

Obwohl Mandeln reich an Kalorien sind, enthalten Sie kaum Kohlenhydrate, aber dafür gesunde ungesättigte Fettsäuren und Proteine sowie Kalzium, Magnesium und Eisen.

KICHERERBSEN-CHIPS

2 Portionen

ca. 15 Minuten (plus Backzeit)

Pro Portion ca. 101 kcal/ 423 kJ,
3,6 g E, 6,5 g F, 7 g KH

ZUTATEN

50 g Kichererbsenmehl
½ Tl Salz
1 El Olivenöl
grobes Salz
Currypulver
Sesam

1 Den Backofen auf 200 °C Ober-/Unterhitze (180 °C Um-luft) vorheizen. Das Kichererbsenmehl mit 100 Milliliter lauwarmem Wasser, Salz und Olivenöl mit einem Pürier-stab glatt rühren.

2 Die Masse sehr dünn mit einer Palette auf ein mit Backpapier oder einer Silikonmatte ausgelegtes Blech aufstreichen. Mit grobem Salz, Currypulver und Sesam bestreuen und ca. 5 Minuten backen. Das Blech aus dem Ofen nehmen, den Teig vorsichtig vom Backpapier oder von der Silikonmatte lösen, umdrehen und ohne Papier oder Matte nochmals etwa 3 Minuten backen.

3 Aus dem Ofen nehmen, abkühlen lassen und in kleine Stücke brechen.

4 Trocken und luftdicht aufbewahren.

EIWEISS-CHIPS
ohne Kohlenhydrate

 2 Portionen

 ca. 5 Minuten (plus Backzeit)

 Pro Portion (6 Chips)
ca. 11 kcal/46 kJ,
1,3 g E, 0,5 g F, 0 g KH

ZUTATEN

3 Eiweiß

Salz

Pfeffer

Gewürze oder Kräuter
nach Geschmack

2 El geriebener Parmesan

Außerdem

12er-Muffinblech

Fett für das Blech

ggf. Kuchengitter

1 Den Backofen auf 200 °C vorheizen und das Muffinblech ausfetten.

2 Das Eiweiß mit 1 Teelöffel kaltem Wasser kräftig verrühren. Mit Salz und Pfeffer und nach Geschmack mit anderen Gewürzen oder Kräutern abschmecken.

3 Die Masse auf die Mulden der Muffinform verteilen, sodass sie den Boden etwa 5 Millimeter bedeckt. Etwas Käse über jedes Eiweiß streuen.

4 Im vorgeheizten Backofen etwa 10–15 Minuten knusprig backen. Dabei darauf achten, dass die Chips nicht anbrennen. Die Chips noch heiß aus der Form lösen und auf einem Kuchengitter auskühlen lassen.

 TIPP

Ein idealer, komplett kohlenhydratfreier Power-Snack für Zwischendurch! Mit frischen Kräutern zubereitet duften die Chips besonders köstlich!

SAUERKRAUT-CRACKER

1 Den Leinsamen fein mahlen. Das Sauerkraut und den Kümmel mit 350 Milliliter Wasser pürieren, dann den Leinsamen zugeben.

2 Den Teig 1 Stunde ruhen lassen. Dann ca. 5 Millimeter dick zwischen 2 Lagen Backpapier ausrollen. Das obere Backpapier abziehen und mit einer Palette oder der Rückseite einer Messerklinge Rillen in den Teig drücken, um die Cracker später gut auseinanderbrechen zu können.

3 Den Teig mit dem Backpapier auf ein Blech legen. Im Backofen bei leicht geöffneter Tür bei zunächst 65 °C Umluft, dann bei 50 °C 10–12 Stunden trocknen.

4 Dann das Backpapier abziehen, die Crackermasse wenden und ohne Backpapier nochmals 12–14 Stunden trocknen lassen.

5 Trocken und luftdicht aufbewahren.

30–50 Stück

ca. 20 Minuten (plus Ruhezeit und Zeit zum Trocknen)

Pro Stück ca. 30 kcal/125 kJ, 1,6 g E, 2,3 g F, 0,6 g KH

ZUTATEN

250 g Leinsamen

500 g rohes frisches Sauerkraut

2 Tl gemahlener Kümmel

 TIPP

Diese einfachen Cracker lassen sich beliebig variieren. Statt Kümmel passen auch orientalische Gewürze wie Koriander und Kreuzkümmel. Sehr gut schmecken die Cracker auch, wenn Sie ein Drittel der Sauerkraut-menge durch geriebene Möhren oder den beim Ent-saften übrig gebliebenen Möhrentrester ersetzen.

SALATE, SUPPEN & CO.

aus dem Glas

COLESLAW
mit Rote Bete

1 Die Rote-Bete-Knollen und Möhre waschen, schälen und raspeln. Die Frühlingszwiebeln putzen und in dünne Scheiben schneiden. Die Walnüsse hacken, in einer Pfanne ohne Fett rösten und noch heiß mit dem Gemüse mischen.

2 Joghurt mit Honig verrühren. Den Ingwer schälen und in den Joghurt reiben. Mit Salz, Pfeffer und Chilipulver abschmecken und das Gemüse damit vermischen. In Schraubgläser abfüllen und mindestens 1 Stunde durchziehen lassen.

 2 Portionen

 ca. 25 Minuten

 Pro Portion ca. 220 kcal/918 kJ, 5 g E, 15 g F, 17 g KH

ZUTATEN

3 Rote-Bete-Knollen
1 große Möhre
2 Frühlingszwiebeln
30 g Walnüsse
100 g griechischer Joghurt
2 Tl Honig
1 Stück frischer Ingwer (ca. 1 cm)
Salz
Pfeffer
¼ Tl Chilipulver

Außerdem
2 Schraubgläser à 350 ml

INFO

Griechischer Joghurt enthält für die Low-Carb-Ernährung wichtige Fette und Eiweiß und weniger Kohlenhydrate als normaler Joghurt mit Fettstufe 1,5 % und 3,5 %.

SALADE NIÇOISE
Der Klassiker

1 Die Kapern unter fließendem Wasser abspülen und abtropfen lassen.

2 Die Bohnen waschen, putzen und in kochendem Salzwasser etwa 7–10 Minuten garen. Sie sollen noch bissfest sein. Die Eier in kochendem Wasser 10 Minuten hart kochen. Bohnen und Eier abschrecken und abkühlen lassen. Die Bohnen halbieren, die Eier pellen und vierteln. Die Tomaten waschen, putzen und achteln. Den Radicchio waschen, trocken schleudern und in mundgerechte Stücke schneiden.

3 Für das Dressing die Frühlingszwiebeln putzen und mit den Kapern fein hacken. Mit Zitronensaft und Senf verrühren, etwas salzen und pfeffern und 4 Esslöffel Olivenöl unterrühren.

4 Den Thunfisch von beiden Seiten leicht salzen und pfeffern. Das restliche Olivenöl in einer Pfanne erhitzen und den Thunfisch von beiden Seiten jeweils ca. 3 Minuten garen. In mundgerechte Stücke schneiden und abkühlen lassen.

5 Bohnen, Tomaten, Radicchio, Thunfisch, Eier, Oliven und Basilikumblätter abwechselnd in Schraubgläser schichten und mit dem Zwiebel-Kapern-Dressing beträufeln.

 2 Portionen

 ca. 15 Minuten
(plus Gar- und Bratzeit)

 Pro Portion ca. 730 kcal/3051 kJ,
41 g E, 61 g F, 7 g KH

ZUTATEN
2 Tl gesalzene Kapern

120 g Prinzessbohnen

Salz

2 Eier

2 Tomaten

6 Radicchioblätter

2 Frühlingszwiebeln

1 El Zitronensaft

1 Tl Dijonsenf

Pfeffer

6 El Olivenöl

200 g frisches Thunfischfilet

8 schwarze Oliven

14 Basilikumblätter

Außerdem
2 Schraubgläser à 500 ml

THUNFISCHSALAT
mit Avocado

 2 Portionen

 ca. 15 Minuten

 Pro Portion ca. 615 kcal/2571 kJ, 26 g E, 54 g F, 3 g KH

ZUTATEN

½ Salatgurke

1 kleine rote Zwiebel

2 kleine Avocados

2 Dosen Thunfisch in Olivenöl

1 El frisch gehackter Koriander

1 Kästchen Kresse

2–4 El Limettensaft

Salz

Pfeffer

Außerdem

2 Schraubgläser à 350 ml

1 Die Gurke waschen, trocknen und in feine Scheiben schneiden. Die Zwiebel schälen, halbieren und ebenfalls in feine Scheiben schneiden. Die Avocados halbieren, die Kerne herauslösen, schälen und das Fruchtfleisch in mundgerechte Stücke schneiden.

2 Die Hälfte des Thunfischöls abgießen. Den Thunfisch mit dem restlichen Öl zu dem Gemüse geben, den Koriander und die Kresse dazugeben und mit Limettensaft, Salz und Pfeffer kräftig abschmecken. In Gläser füllen und bis zum Verzehr durchziehen lassen.

 **INFO**

Die Avocado ist DIE Low-Carb-Frucht schlechthin und punktet mit reichlich ungesättigten Fettsäuren, Vitamin A und E sowie wertvollen sekundären Pflanzenstoffen.

SPINATSALAT
mit Halloumi

1 Den Halloumi in Scheiben schneiden. 1 Esslöffel Olivenöl in einer Grillpfanne erhitzen und den Halloumi von beiden Seiten etwa 3 Minuten goldbraun braten. Gegebenenfalls die Käsestücke in mundgerechte Stücke zerteilen.

2 Den Spinat verlesen, waschen und trocken schütteln. Die Orange schälen, filetieren und den dabei heraustropfenden Saft in einer Schüssel auffangen. Die Minze waschen, trocken schütteln und fein hacken.

3 Den Orangensaft mit dem restlichen Olivenöl verrühren und mit Salz und Pfeffer würzen. Das Dressing auf 2 Gläser verteilen. Spinat, Käse, Orangenfilets und Minze abwechselnd über das Dressing schichten. Die Gläser verschließen und direkt vor dem Verzehr gut schütteln.

 2 Portionen

 ca. 20 Minuten

 Pro Portion ca. 444 kcal/1856 kJ, 16 g E, 38 g F, 10 g KH

ZUTATEN
125 g Halloumi
4 El Olivenöl
100 g Babyspinat
1 große Orange
1 Bund frische Minze
Salz
Pfeffer

Außerdem
2 Schraubgläser à 500 ml

 INFO

Halloumi, der würzige Grill- und Pfannenkäse, ist ideal für die Low-Carb-Ernährung, da er keine Kohlenhydrate, aber viel gesundes Eiweiß und Fett enthält.

BURRATASALAT
mit Nektarinen

 2 Portionen

 ca. 15 Minuten

 Pro Portion ca. 781 kcal/4018 kJ,
31 g E, 60 g F, 18 g KH

ZUTATEN

1 vollreife Nektarine

1 Tomate

80 g vorgegarte Rote Bete

½ rote Zwiebel

½ Bund Basilikum

2 Burratakugeln à ca. 150 g
oder Mozzarella

2 El Mandelblättchen

3 El weißer Balsamessig

1 Tl Honig

¼ Tl gemahlener Anis

Salz

Pfeffer

3 El Olivenöl

Außerdem

2 Schraubgläser à 350 ml

1 Die Nektarine und Tomate waschen, trocknen und putzen. Zusammen mit der Roten Bete in schmale Spalten schneiden. Die Zwiebel schälen und in sehr feine Ringe schneiden. Das Basilikum waschen, trocken schütteln und die Blättchen grob zerzupfen.

2 Die Burrata- oder Mozzarellakugeln jeweils halbieren. Je eine Hälfte in ein Glas legen, das Gemüse darüberschichten und die 2. Hälfte des Käses darauflegen.

3 Die Mandelblättchen in einer Pfanne ohne Fett goldbraun rösten und noch heiß auf die Gläser verteilen. Mit dem Basilikum garnieren.

4 Aus den restlichen Zutaten ein Dressing rühren und in die Gläser geben. Die Gläser fest verschrauben.

 INFO

Burrata (ital. gebuttert) ist ein italienischer Frischkäse, der dem Mozzarella ähnelt. Überwiegend aus Kuhmilch hergestellt, hat der in Apulien beheimatete Käse über 40 % Fett i. Tr.

Bunter
EIERSALAT

 2 Portionen

 ca. 20 Minuten,
Garzeit: ca. 10 Minuten

 Pro Portion ca. 190 kcal/795 kJ,
13 g E, 15 g F, 2 g KH

ZUTATEN

3 Eier
¼ rote Zwiebel
2 Cornichons
1 großes Eigelb
1 Tl Zitronensaft
½ Tl scharfer Senf
70 ml kalt gepresstes Pflanzenöl
1 Tl Gewürzgurken-Sud
(aus dem Glas)
Salz
Pfeffer
edelsüßes Paprikapulver
¼ Bund Schnittlauch

Außerdem
2 Schraubgläser à 350 ml

1 Die Eier 10 Minuten hart kochen. Danach abschrecken und schälen. Die Eier mit dem Eierschneider in gleichmäßige Scheiben schneiden und in eine Schüssel geben.

2 Die Zwiebel abziehen und fein würfeln. Die Cornichons in Scheiben schneiden. Beides in die Schüssel zu den Eierscheiben geben.

3 Das Eigelb in einer Schüssel mit 1 Prise Salz, etwas Zitronensaft und dem Senf schaumig rühren. Das Pflanzenöl erst tropfenweise (!), dann in dünnem Strahl dazugeben und mit dem Schneebesen eine cremige Masse schlagen. Zuletzt etwa ½ Teelöffel Zitronensaft unterrühren sowie 1 Teelöffel Gurkensud.

4 Die Mayonnaise über die Ei-Gemüse-Mischung in der Schüssel geben und vorsichtig unterheben. Mit Salz, Pfeffer und Paprikapulver abschmecken.

5 Den Schnittlauch waschen, trocken schütteln und hacken. Eiersalat mit Schnittlauchröllchen bestreuen und in die Gläser geben. Diese fest verschrauben und sofort kühl stellen.

INFO

Achten Sie darauf, dass Sie für die Mayonnaise nur ganz frisches Eigelb verwenden und die Mayonnaise nach dem Zubereiten sofort kühl stellen. Sie sollte nicht länger als 2 Tage im Kühlschrank aufbewahrt werden. Auch der Salat muss **zwingend** kühl gelagert oder rasch verzehrt werden und darf keinesfalls Wärme oder gar Hitze ausgesetzt werden.

ZUCKERSCHOTEN-SUPPE

1 Die Zuckerschoten waschen, putzen und in dünne Streifen schneiden. Den Sellerie waschen und putzen, die Zwiebel schälen und beides fein hacken. Den Lauch putzen, waschen und in dünne Ringe schneiden.

2 Einen großen Topf vorsichtig erhitzen und den Speck darin ohne Fett goldbraun braten. Herausnehmen und auf Küchenpapier abkühlen lassen.

3 In demselben Topf das Olivenöl erhitzen und Sellerie, Zwiebel und Lauch bei mittlerer Hitze weich dünsten. Die Brühe (gegebenenfalls einen Rest Brühe für das Zuckerschotenpüree zur Seite stellen), 1 Streifen Speck, den Rosmarin und etwas Salz und Pfeffer zugeben und ca. 20 Minuten köcheln lassen. Rosmarin und Speck herausnehmen, dann fein zu einer Suppe pürieren.

4 Die Zuckerschoten und die Petersilie in einem Topf mit kochendem Salzwasser etwa 3 Minuten blanchieren. Abgießen und fein pürieren. Gegebenenfalls mit etwas Brühe verdünnen. Das Püree in die Suppe geben und diese völlig erkalten lassen.

5 In Gläser umfüllen und mit je 1 Esslöffel Sahne und 1 zerbröselten Scheibe Speck garnieren. Kalt oder warm genießen.

2 Portionen

ca. 20 Minuten (plus Kochzeit)

Pro Portion ca. 411 kcal/1720 kJ, 28 g E, 24 g F, 21 g KH

ZUTATEN

250 g Zuckerschoten

½ Selleriestange

½ Zwiebel

½ Lauchstange

3 Scheiben Frühstücksspeck

1 El Olivenöl

400 ml Hühnerbrühe

1 Rosmarinzweig

Salz

Pfeffer

¼ Bund glatte Petersilie

2 El Schlagsahne

Außerdem

2 Schraubgläser à 350 ml

PORRIDGE
„Chia-Sesam"

 2 Portionen

 ca. 10 Minuten
(plus Quell- und Garzeit)

 Pro Portion ca. 541 kcal/2261 kJ,
13 g E, 49 g F, 12 g KH

ZUTATEN

2 Eier
2 Tl Honig
4 El Chiasamen
4 El Sesamsamen
180 ml Sahne
4 Tl Butter

Außerdem
2 Schraubgläser à 250 ml

1 Die Eier mit dem Honig kräftig verquirlen. Chia- und Sesamsamen zugeben und die Sahne einrühren. 5 Minuten quellen lassen.

2 Die Butter in einem Topf erhitzen, bis sie leicht gebräunt ist, dann die Samenmischung hinzufügen und alles kräftig vermischen. Bei mittlerer Temperatur und unter ständigem Rühren ca. 7 Minuten simmern, aber nicht kochen lassen. Den Porridge etwas abkühlen lassen, dann in Gläser abfüllen.

 INFO

In unserer kohlenhydratarmen Porridge-Variante ersetzen Eier, Chiasamen, Sesamsamen und Sahne die kohlenhydratreichen Haferflocken.

TOMATENSUPPE
mit Avocado

 2 Portionen

 ca. 20 Minuten
(plus Koch- und Abkühlzeit)

 Pro Portion ca. 258 kcal/1076 kJ,
11 g E, 20 g F, 10 g KH

ZUTATEN

120 g Tomaten

1 kleine Zwiebel

1 Knoblauchzehe

1 El Olivenöl

1 Tl Tomatenmark

¼ Tl Honig

90 ml Tomatensaft

300 ml Geflügelbrühe

1 kleiner Thymianzweig

Salz

Pfeffer

2 reife Avocados

Außerdem

2 Schraubgläser à 350 ml

1 Den Stielansatz der Tomaten kreuzweise einschneiden und die Tomaten in kochendem Wasser 1 Minute ziehen lassen. Herausnehmen, abschrecken und die Tomaten häuten. Den Stielansatz herausschneiden und die Tomaten grob hacken.

2 Zwiebel und Knoblauch schälen und fein hacken. Das Olivenöl in einem Topf erhitzen und bei mittlerer Hitze Knoblauch und Zwiebel unter Rühren 10 Minuten dünsten. Tomatenmark und Honig zugeben und etwa 1 Minute mitdünsten, dann die Tomaten, den Tomatensaft und die Geflügelbrühe zufügen. Den Thymian waschen, trocken schütteln und in die Suppe geben.

3 Mit Salz und Pfeffer abschmecken und die Suppe ca. 20 Minuten köcheln lassen. Vom Herd nehmen und ca. 10 Minuten abkühlen lassen.

4 Die Avocados halbieren, entkernen und schälen. 1½ Avocados grob hacken und in die Tomatensuppe geben. Den Thymianzweig aus der Suppe nehmen. Die Suppe sehr fein pürieren und gegebenenfalls noch etwas abschmecken.

5 Die restliche Avocadohälfte fein würfeln und auf 2 Gläser verteilen. Die Suppe darübergeben. Kalt oder warm genießen.

TIPP
Die Suppe mit etwas low-carb-tauglichem Eiweißbrot genießen.

MÖHRENSUPPE
mit Joghurt

1 Die Frühlingszwiebel putzen und in feine Ringe schneiden, den Knoblauch schälen und hacken, den Ingwer schälen und fein reiben. Die Möhren waschen, schälen und grob raspeln.

2 Kokosöl in einem Topf erhitzen und Frühlingszwiebel, Knoblauch, Ingwer und Chiliflocken bei mittlerer Hitze darin etwa 7 Minuten dünsten. Sie dürfen nicht braun werden. Möhren, Salz, Zimt und Kurkuma hinzugeben und etwa 3 Minuten weiterdünsten. Die Brühe angießen und ca. 30 Minuten köcheln lassen.

3 Die Suppe pürieren und mit Pfeffer und gegebenenfalls noch etwas Salz abschmecken. Etwa 20 Minuten abkühlen lassen, dann den Joghurt unterziehen, in Gläser abfüllen und mit der Petersilie garnieren. Kalt genießen.

 2 Portionen

 ca. 15 Minuten
(plus Koch- und Abkühlzeit)

 Pro Portion ca. 275 kcal/1150 kJ,
17 g E, 18 g F, 13 g KH

ZUTATEN

1 Frühlingszwiebel

1 Knoblauchzehe

1 Stück frischer Ingwer (ca. 1 cm)

350 g junge Möhren

1 El Kokosöl

1 Prise Chiliflocken

Salz

1 Msp. Zimt

½ Tl Kurkuma

450 ml Fleischbrühe

Pfeffer

80 g griechischer Joghurt

1 El gehackte glatte Petersilie

Außerdem

2 Schraubgläser à 500 ml

TIPP
Sie können den Joghurt auch weglassen und die Suppe warm genießen.

CEVICHE
mit Thunfisch

 2 Portionen

 ca. 25 Minuten

 Pro Portion ca. 397 kcal/1659 kJ, 36 g E, 27 g F, 3 g KH

ZUTATEN

300 g Thunfischfilet
Saft von 1 Limette
Salz
Pfeffer
½ entkernte Chilischote
¼ Tl Fenchelsamen
1 Eiertomate
1 kleine Avocado
½ kleine rote Zwiebel
4 Radieschen
2 El gehackter Koriander
2 El Olivenöl

Außerdem

2 Schraubgläser à 350 ml

1 Den Thunfisch waschen, mit einem Küchentuch abtupfen und in kleine, aber gleich große Würfel schneiden. Mit Limettensaft beträufeln, mit Salz und Pfeffer würzen und alles gut vermengen. Die Chilischote waschen, trocknen, längs halbieren, die Kerne entfernen und das Fruchtfleisch fein hacken. Mit dem Thunfisch vermengen.

2 Die Fenchelsamen in einer Pfanne ohne Fett rösten, bis sie duften, dann in einem Mörser fein zerstoßen. Mit dem Thunfisch vermengen.

3 Die Tomate waschen und putzen. Die Avocado halbieren, entsteinen und gemeinsam mit der Tomate in kleine Würfel schneiden. Die Zwiebel schälen und in dünne Ringe schneiden. Die Radieschen waschen, putzen und in dünne Stifte schneiden. Den Koriander waschen, trocken schütteln und die Blätter abzupfen.

4 Alle Zutaten sowie das Olivenöl mit dem Thunfisch gut verrühren und in 2 Schraubgläsern anrichten. Eventuell mit Salz und Pfeffer nachwürzen. Die Ceviche wird kalt gegessen.

TIPP
Thunfisch und Avocado liefern wertvolles Eiweiß, Fette und Öle, haben dafür aber kaum Kohlenhydrate.

Kalte
GURKENSUPPE

1 Die Gurken waschen und trocknen. Die ganze Salatgurke putzen und in grobe Stücke zerteilen. Das Gurkendrittel längs halbieren, die Kerne entfernen und das Fruchtfleisch fein würfeln. Beiseitestellen.

2 Schalotte und Knoblauch schälen und fein hacken. Die Kräuter waschen und die Blättchen abzupfen. Kräuter mit den größeren Gurkenstücken, der Schalotte und Knoblauch, Joghurt, Zitronensaft und 6 Esslöffeln Olivenöl fein mixen. Mit Salz, Pfeffer und Chilipulver abschmecken. Auf 2 Schraubgläser verteilen.

3 Die rote Zwiebel schälen und fein hacken. Mit den Gurkenwürfeln in die Suppe geben und mit je 1 Esslöffel Olivenöl beträufeln. Kalt genießen.

 2 Portionen

 ca. 15 Minuten

 Pro Portion ca. 153 kcal/639 kJ, 5 g E, 11 g F, 8 g KH

ZUTATEN

1⅓ große Salatgurken

½ Schalotte

1 Knoblauchzehe

3 Zweige Estragon

1 Zweig glatte Petersilie

220 g griechischer Joghurt

1 El Zitronensaft

8 El Olivenöl

Salz

Pfeffer

1 Prise Chilipulver

¼ rote Zwiebel

Außerdem
2 Schraubgläser à 350 ml

TIPP
Diese Suppe ist DER Erfrischungskick und Power-Lieferant an heißen Tagen schlechthin. Durch den griechischen Joghurt liefert sie wertvolle Fette und Eiweiße.

LUNCH TO GO

Hallo Mittagspause!

AVOCADOTARTE
mit Käsefüllung

1 Den Backofen auf 175 °C vorheizen und die Springform mit Backpapier auslegen.

2 Alle Teigzutaten mit 2 Esslöffel Wasser rasch zu einem glatten Teig verkneten und den Teig mit einem Löffel auf dem Boden der Form verteilen. Im vorgeheizten Ofen etwa 15 Minuten vorbacken.

3 In der Zwischenzeit für die Füllung die Schalotte schälen und sehr fein hacken. Die Paprika waschen, putzen und fein würfeln. Das Olivenöl in einer Pfanne erhitzen und die Schalotte und Paprika darin 5 Minuten dünsten. Beiseitestellen.

4 Die Avocado halbieren, entkernen, schälen und in Spalten schneiden. Frischkäse, Quark, Parmesan, Eier, Eigelb und Petersilie zu einer glatten Creme verrühren. Die Paprikamischung hinzufügen und mit Salz und Pfeffer kräftig abschmecken.

5 Die Avocadospalten auf dem Teig auslegen und die Creme daraufstreichen. Im vorgeheizten Backofen ca. 35 Minuten backen.

2 Portionen

ca. 25 Minuten
(plus Back- und Bratzeit)

Pro Portion ca. 859 kcal/3590 kJ,
42 g E, 74 g F, 9 g KH

ZUTATEN

Für den Teig
40 g Mandelmehl
2 El Kokosmehl
2 El Sesamsamen
½ El gemahlene Flohsamenschalen
½ Tl Backpulver
Salz
3 Tl Kokosöl, 1 Eigelb

Für die Füllung
¼ Schalotte
¼ Paprikaschote
1 Tl Olivenöl
1 reife Avocado
4 El Frischkäse, 110 g Quark
75 g geriebener Parmesan
2 Eier, 1 Eigelb
1 El fein gehackte glatte Petersilie
Salz, Pfeffer

Außerdem
1 Springform,
ø ca. 12 cm

TIPP
Dazu schmeckt,
als Füllung oder als Dip,
eine Frischkäsecreme
mit frischen gehackten
Kräutern.

PFANNKUCHEN
mit geraspelter Zucchini

1 Schalotte und Knoblauch schälen und fein hacken. In einer Pfanne etwas Olivenöl erhitzen und die Schalotte und den Knoblauch darin weich dünsten. In einer großen Schüssel erkalten lassen.

2 Schnittlauch und Petersilie waschen, trocken schütteln und fein hacken. Zu der Schalotten-Knoblauchmischung geben.

3 Die Zucchini waschen, trocknen, putzen und sehr fein raspeln. Mit der Kräutermischung, dem Ei, Parmesan und Mehl verkneten und mit Salz und Pfeffer kräftig würzen.

4 Öl in der Pfanne erhitzen und nacheinander darin 4–6 mittelgroße Pfannkuchen ausbacken. Noch heiß zusammenrollen und vollständig auskühlen lassen.

2 Portionen

ca. 30 Minuten

Pro Portion ca. 232 kcal/968 kJ, 15 g E, 13 g F, 14 g KH

ZUTATEN
1 Schalotte
1 Knoblauchzehe
½ Bund Schnittlauch
¼ Bund glatte Petersilie
1 mittelgroße Zucchini
1 Ei
50 g geriebener Parmesan
3–4 El Vollkornmehl
Salz
Pfeffer

Außerdem
Olivenöl zum Ausbacken

SUSHI
ohne Reis

1 Die Avocados halbieren, den Kern entfernen und schälen. Das Fruchtfleisch in dünne Längsspalten schneiden. Die Mango schälen und das Fruchtfleisch in dünnen Längsspalten vom Kern abschälen.

2 Die Paprikaschote waschen und putzen und längs in dünne Streifen schneiden. Die Frühlingszwiebeln waschen, putzen und längs in Streifen schneiden. Die Gurke waschen, schälen, längs halbieren, entkernen und in etwa 8 Zentimeter lange Stücke schneiden. Die Gurkenstücke längs in feine Stifte schneiden. Den Rettich schälen und stifteln.

3 Die Garnelen waschen und abtropfen lassen, den Lachs waschen, trocken tupfen und in Stifte schneiden.

4 Ein Noriblatt mit der glänzenden Seite nach unten und der langen Seite nach vorn auf eine Rollmatte legen. ⅛ der Avocadoscheiben darauflegen und mit dem Rücken eines Löffels auf dem Noriblatt verstreichen. Dabei an der hinteren Längsseite etwa 1 Zentimeter freilassen und diesen Streifen mit wenig Wasser anfeuchten. 1 Teelöffel Frischkäse darüberstreichen und die Mitte des Blattes längs nach Geschmack belegen.

5 Mithilfe der Rollmatte das belegte Noriblatt längs von vorne nach hinten aufrollen und an dem mit Wasser befeuchteten Streifen festdrücken bzw. „zukleben".

6 Die Sushirolle in 6 gleich große Stücke schneiden und mit den restlichen Zutaten ebenso verfahren. Mit Wasabipaste und Sojasauce genießen.

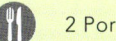 2 Portionen

 ca. 45 Minuten

 Pro Portion (24 Stücke) ca. 811 kcal/3389 kJ, 104 g E, 33 g F, 20 g KH

ZUTATEN

2 mittelgroße, sehr reife Avocados

½ Mango

1 rote Paprikaschote

2 Frühlingszwiebeln

1 Gurke

½ kleiner runder Rettich

200 g vorgegarte Garnelen

200 g frisches Lachsfilet

8 schmale Noriblätter

8 Tl Frischkäse

Außerdem

Rollmatte für Sushi

Wasabipaste und Sojasauce zum Dippen

OMELETT-PIZZA
mit Mozzarella

 2 Portionen

 ca. 40 Minuten

 Pro Portion ca. 526 kcal/2197 kJ, 22 g E, 47 g F, 5 g KH

ZUTATEN

4 eingelegte milde Peperoni

4 halbe eingelegte
Artischockenherzen

10 entsteinte schwarze Oliven

2 Zweige frischer Oregano

8 Cocktailtomaten

80 g Mozzarella

4 Eier

Salz

Pfeffer

4 El Olivenöl

Außerdem

ofenfeste Pfanne (ø ca. 20 cm)

ggf. Kuchengitter

1 Peperoni, Artischockenherzen und Oliven in einem Sieb gut abtropfen lassen. Den Stielansatz der Peperoni abschneiden und die Früchte längs halbieren. Artischockenherzen und Oliven in feine Scheiben schneiden.

2 Oregano waschen, trocken schütteln, die Blättchen abzupfen und hacken. Die Tomaten waschen, trocknen und in dünne Scheiben schneiden. Den Mozzarella abtropfen lassen und in kleine Würfel schneiden.

3 Den Backofen auf 200 °C vorheizen. In der Zwischenzeit die Eier mit etwas Salz und Pfeffer gut verquirlen. 2 Esslöffel Olivenöl in einer kleinen ofenfesten Pfanne erhitzen, die Hälfte des Eis zugeben und bei milder Hitze ca. 2 Minuten braten, bis das Ei am Boden zu stocken beginnt.

4 Die Hälfte des Oreganos und vom Gemüse darauf verteilen, dann die Hälfte des Mozzarellas darüber verteilen. Weitere 3–4 Minuten braten, bis der Käse zu schmelzen beginnt. Anschließend weitere 3–4 Minuten im Backofen garen, bis der Käse komplett zerlaufen ist.

5 Auf einem Kuchengitter auskühlen lassen und die 2. Omelett-Pizza auf die gleiche Weise zubereiten.

SPINAT-FRITTATA
mit Ricotta

1 Die Pinienkerne in einer Pfanne ohne Fett goldbraun rösten und abkühlen lassen.

2 Den Backofen auf 200 °C vorheizen und eine Kastenform mit 1 Esslöffel Butter einfetten.

3 Zwiebel und Knoblauch schälen und fein hacken. Den Spinat verlesen, waschen und trocken schleudern. Die Paprika waschen, putzen und fein würfeln. Das Basilikum waschen, trocken schütteln und die Blättchen grob zerzupfen.

4 Die restliche Butter in einer Pfanne erhitzen und Zwiebel, Knoblauch und Paprika darin weich düsten, aber nicht bräunen. Den Spinat zugeben und wenige Minuten zerfallen lassen. Gut verrühren und mit Salz und Pfeffer kräftig abschmecken. Die Basilikumblätter zugeben und anschließend das Gemüse in der Kastenform verteilen.

5 Mit einem Löffel kleine Nocken vom Ricotta abstechen und diese auf dem Gemüse verteilen. Die Eier gut verquirlen und über das Gemüse gießen. Im vorgeheizten Backofen ca. 20 Minuten stocken lassen.

 2 Portionen

 ca. 15 Minuten
(plus Gar- und Backzeit)

 Pro Portion ca. 500 kcal/2090 kJ,
22 g E, 42 g F, 9 g KH

ZUTATEN

3 El Pinienkerne

3 El Butter

1 kleine Zwiebel

1 Knoblauchzehe

50 g Babyspinat

1 rote Paprikaschote (150 g)

3 Zweige Basilikum

Salz

Pfeffer

50 g Ricotta

4 Eier

Außerdem

1 Kastenform
(ca. 25 bis 30 cm lang)

 INFO

Ricotta ist für alle Käse- und Low-Carb-Fans ein ungetrübter Genuss. Der italienische Frischkäse aus Molke hat wenig Fett und kaum Kohlenhydrate und steckt voller Nährstoffe.

VITELLO TONNATO
im Glas

 2 Portionen

 ca. 30 Minuten (plus Kochzeit)

 Pro Portion ca. 736 kcal/3074 kJ, 56 g E, 57 g F, 1 g KH

ZUTATEN

½ Stange Lauch

1 kleine Möhre

⅛ Sellerieknolle

1 Knoblauchzehe

½ Zwiebel

3 Zweige Petersilie

400 g Kalbstafelspitz

1 Lorbeerblatt

3 schwarze Pfefferkörner

100 ml trockener Weißwein

Salz

1 Dose Thunfisch ohne Öl

2 El Kapern

1 sehr frisches Ei

½ Tl Dijonsenf

75 ml geschmacksneutrales Öl

1 El Olivenöl

Saft von einer ½ Zitrone

Pfeffer

Außerdem

2 Schraubgläser à 350 ml

1 Lauch und Möhre waschen, putzen und in Scheiben schneiden. Sellerie waschen, putzen und grob würfeln. Den Knoblauch schälen und mit dem flachen Messer leicht andrücken. Die Zwiebel schälen. Die Petersilie waschen.

2 Das Kalbfleisch in einen Topf geben, Gemüse, Petersilie, das Lorbeerblatt und die Pfefferkörner zugeben und den Weißwein und 500 Milliliter Wasser dazugießen. Alles kräftig salzen. Abgedeckt kurz aufkochen lassen, dann offen bei mittlerer Hitze ca. 90 Minuten leicht köcheln lassen.

3 Den Topf vom Herd nehmen und das Fleisch in der Brühe komplett auskühlen lassen.

4 In der Zwischenzeit Thunfisch und Kapern gut abtropfen lassen. Ei mit Senf und Öl in einen Rührbecher geben und mit dem Pürierstab aufschlagen, bis eine dicke Mayonnaise entstanden ist. Das Olivenöl einrühren und die Mayonnaise mit Zitronensaft abschmecken.

5 Den Thunfisch in die Mayonnaise rühren und gegebenenfalls mit etwas Fleischbrühe verdünnen. Die Kapern grob hacken und einrühren. Mit Salz und Pfeffer abschmecken.

6 Das Fleisch aus der Brühe nehmen und in hauchdünne Scheiben schneiden. Nun abwechselnd Fleisch und etwas Sauce in 2 Schraubgläser schichten, bis alle Zutaten verbraucht sind.

TIPP
Unbedingt kühl
lagern und möglichst
bald verzehren.

HACKBÄLLCHEN
in Tomatensauce

1 Die Tomaten am Stielansatz kreuzweise einschneiden, in kochendem Wasser 3 Minuten blanchieren, kalt abschrecken, schälen, vierteln, entkernen und würfeln. Die Zwiebel und den Knoblauch schälen und fein hacken.

2 Die Hälfte der gehackten Zwiebel und den Knoblauch in 1 Esslöffel Olivenöl dünsten. Tomaten und Tomaten-püree zugeben und mit Salz, Pfeffer und Chilipulver würzen. Das Basilikum waschen, trocken schütteln, die Blättchen abzupfen und in die Sauce geben. 40 Minuten bei geringer Hitze simmern lassen.

3 In 1 Esslöffel Olivenöl die restliche Zwiebel weich dünsten und vollständig abkühlen lassen. Den Majoran waschen, trocken schütteln und die Blättchen abzupfen. Die Kapern abtropfen lassen. Majoran und Kapern fein hacken und mit Hackfleisch, Ei, Zwiebel und Senf ver-mengen. Mit Salz und Pfeffer abschmecken.

4 Die Hackmasse zu ca. 12 Bällchen formen und in dem restlichen Olivenöl ca. 7 Minuten rundherum braten. Herausnehmen und auf Küchenpapier abtropfen lassen. Mit der Sauce vermengen und in Schraubgläser abfüllen.

2 Portionen

 ca. 20 Minuten
(plus Gar- und Bratzeit)

 Pro Portion ca. 575 kcal/2401 kJ,
28 g E, 49 g F, 6 g KH

ZUTATEN

150 g Tomaten
1 Zwiebel
1 Knoblauchzehe
4 El Olivenöl
100 g Tomatenpüree
Salz
Pfeffer
1 Msp. Chilipulver
½ Bund Basilikum
4 Zweige Majoran
1 Tl Kapern
250 g Hackfleisch
halb und halb
1 Ei
½ Tl Dijonsenf

Außerdem
2 Schraubgläser à 350–500 ml

INFO

Hackfleisch halb und halb bedeutet, dass das Fleisch zur Hälfte vom Rind und zur Hälfte vom Schwein stammt.

KÜRBISBOOTE
mit Avocadofüllung

 2 Portionen

 ca. 15 Minuten (plus Backzeit)

 Pro Portion ca. 381 kcal/1595 kJ, 10 g E, 30 g F, 15 g KH

ZUTATEN

1 kleiner Spaghettikürbis
1 Avocado
2 Kirschtomaten
2 Tl Butter
Salz
Pfeffer
2 Tl Pesto verde
½ Kästchen Kresse
4 Eigelb

1 Den Backofen auf 200 °C vorheizen und ein Backblech mit Backpapier auslegen.

2 Den Kürbis längs halbieren, die Kerne mit einem Löffel herauskratzen und den Kürbis mit der Schnittfläche nach unten auf das Backpapier legen. Im vorgeheizten Backofen ca. 40 Minuten backen.

3 In der Zwischenzeit die Avocado halbieren, entkernen und schälen. Das Fruchtfleisch in feine Würfel schneiden. Die Tomaten waschen und in kleine Stücke schneiden.

4 Den Kürbis aus dem Backofen nehmen und etwas abkühlen lassen. Den Backofen in der Zwischenzeit auf 220 °C vorheizen.

5 Mit einer Gabel das abgekühlte Kürbis-Fruchtfleisch lockern, sodass die typischen Spaghetti entstehen. Je 1 Teelöffel Butter mit etwas Salz und Pfeffer in die Kürbishälften geben und vorsichtig unterheben, bis die Butter geschmolzen ist. Pesto, Kresse, Avocadowürfel und Tomatenstücke auf die beiden Hälften verteilen und mit den Kürbisspaghetti vermischen.

6 Auf jedes Kürbisboot 2 Eigelb setzen, leicht salzen und im Backofen ca. 10 Minuten backen. Das Eigelb soll nicht durchgebacken sein. Herausnehmen und vor dem Verpacken vollständig auskühlen lassen. Vor dem Verzehr erwärmen.

SALAT-TACOS
mit Lamm-Köfte und Tsatziki

1 Die Pinienkerne in einer Pfanne ohne Fett goldbraun rösten, etwas abkühlen lassen und fein hacken. Zwiebel und Knoblauch schälen und fein hacken. Petersilie und Minze waschen, trocken schütteln, die Blättchen abzupfen und sehr fein hacken. Alles mit dem Lammhack, den Gewürzen und dem Eigelb gleichmäßig verkneten.

2 Mit feuchten Händen aus der Hackmasse 8 gleich große ovale Bällchen (= Köfte) formen. Reichlich Olivenöl in einer Pfanne erhitzen und bei mittlerer Hitze die Bällchen goldbraun braten. Auf Küchenpapier abtropfen und erkalten lassen.

3 Die Salatblätter waschen und trocken tupfen. Die Gurke waschen, schälen, längs halbieren, die Kerne entfernen und das Fruchtfleisch in kleine Würfel schneiden. Die Möhre waschen, schälen und in feine Stifte schneiden.

4 Köfte, Gemüse, Salatblätter und Tsatziki für den Transport gut verpacken. Vor dem Verzehr auf jedes Salatblatt einen Klecks Tsatziki geben, Gurke und Möhre darauf verteilen und je 1 Köfte daraufsetzen.

 2 Portionen

 ca. 20 Minuten (plus Bratzeit)

 Pro Portion ca. 461 kcal/1925 kJ, 35 g E, 34 g F, 4 g KH

ZUTATEN
20 g Pinienkerne
½ kleine rote Zwiebel
1 Knoblauchzehe
3 Stängel glatte Petersilie
3 Stängel frische Minze
250 g gehacktes Lammfleisch
Salz
½ Tl edelsüßes Paprikapulver
½ Tl Kreuzkümmel
¼ Tl Chilipulver
1 Msp. Piment
1 Msp. Zimt
1 Eigelb
8 kleine Blätter Kopfsalat
¼ Salatgurke
1 kleine Möhre
50 g Tsatziki (FP)

Außerdem
Olivenöl zum Ausbacken

MINIPAPRIKA
mit Frischkäsefüllung

 2 Portionen

 ca. 10 Minuten

 Pro Portion ca. 601 kcal/2512 kJ, 18 g E, 54 g F, 12 g KH

ZUTATEN

220 g Minipaprika

40 g Chorizo

220 g Frischkäse

2 Tl süße Chilipaste

2 El Olivenöl

2 Tl frische Thymianblättchen

Salz

Pfeffer

Paprikapulver zum Bestreuen

1 Die Minipaprika waschen, halbieren und putzen. Die Chorizo fein hacken und mit Frischkäse, Chilipaste, Olivenöl und Thymian gut vermengen. Mit Salz und Pfeffer abschmecken.

2 Die Paprikahälften mit der Käsecreme füllen und mit etwas Paprikapulver bestreuen. Für den Transport stoßsicher verpacken, oder aber die Creme in ein Glas geben und erst direkt vor dem Verzehr in die Paprikahälften füllen.

 TIPP

Wer im Büro einen Backofen hat, kann die Minipaprika dort mit 220 g geriebenem Käse (z.B. Parmesan oder Bergkäse) 15 Minuten bei 200 °C überbacken.

MINIOMELETTS
mit Brokkoli und Käse

1 Den Backofen auf 180 °C vorheizen und ein halbes Muffinblech (= 6 Mulden) ausfetten.

2 Die Brokkoliröschen in ausreichend Salzwasser etwa 6 Minuten garen. In ein Sieb abgießen, abtropfen lassen, in kleine Stücke zerteilen, mit dem Olivenöl verrühren und auf die Muffinmulden verteilen.

3 Die restlichen Zutaten gut miteinander verrühren, mit Salz und Pfeffer abschmecken und über den Brokkoli gießen.

4 Im vorgeheizten Backofen ca. 20 Minuten backen, dann in der Form auskühlen lassen.

 6 Stück

ca. 10 Minuten
(plus Koch- und Backzeit)

Pro Stück ca. 125 kcal/521 kJ,
9 g E, 9 g F, 2 g KH

ZUTATEN
300 g Brokkoliröschen
Salz
1 Tl Olivenöl
2 Eiweiß
4 Eier
30 g geriebener Cheddar
30 g geriebener Pecorino
Pfeffer

Außerdem
12er-Muffinblech
Fett für die Form

INFO

Bei einem 6er-Muffinblech sind die Mulden größer. Bei gleicher Zutatenmenge werden die Omeletts dann flacher.

HÄHNCHENSTICKS
mit Dip

 2 Portionen

 ca. 20 Minuten (plus Backzeit)

 Pro Portion ca. 852 kcal/3561 kJ, 83 g E, 54 g F, 11 g KH

ZUTATEN

2 Hühnerbrüste

2 Eier

4 El Kokosmehl

8 El Mandelmehl

1 Tl edelsüßes Paprikapulver

2 Tl getrocknete, glatte Petersilie

½ Tl gemahlener Bockshornklee

Salz

Pfeffer

250 g Sahnequark

8 El Milch

1 Tl Dijonsenf

½ Tl Ajvar

2 El frisch gehackter Schnittlauch

1 Den Backofen auf 220 °C vorheizen. Das Fleisch waschen, trocken tupfen und jede Brust in 3 gleich dicke Streifen schneiden. Die Eier in einem tiefen Teller gut verquirlen. Das Kokosmehl auf einem flachen Teller verteilen, das Mandelmehl mit Paprikapulver, Petersilie, Bockshornklee, Salz und Pfeffer vermischen und ebenfalls auf einem flachen Teller verteilen.

2 Jeden Hähnchenfleischstreifen zuerst in Kokosmehl wenden und leicht abklopfen. Dann von allen Seiten in Ei wenden und schließlich im Mandelmehl.

3 Die so panierten Hähnchensticks auf einem Rost 20–25 Minuten im vorgeheizten Backofen goldbraun backen. Anschließend vollständig auskühlen lassen, bevor sie für den Transport verpackt werden.

4 Für den Dip Quark, Milch, Senf, Ajvar und Schnittlauch verrühren und mit Salz und Pfeffer abschmecken.

INFO

Statt klassischer Panade werden in diesem Rezept Kokos- und Mandelmehl verwendet, die ideal für eine kohlenhydratarme Ernährung sind. Beide Mehle sind glutenfrei.

TIPP
Die Röllchen zusammen mit einer Scheibe Low-Carb-Brot genießen.

GURKENRÖLLCHEN
mit zweierlei Fischcreme

1 Die Salatgurke waschen, putzen und am besten mithilfe eines Gemüsehobels längs in hauchdünne Streifen hobeln.

2 Die Kapern in einem Sieb abtropfen lassen, den Thunfisch in einem weiteren Sieb abtropfen lassen. Die Kapern anschließend fein hacken.

3 Den Thunfisch mit der Hälfte der Kapern, des Frischkäses, etwas Zitronensaft und ½ Esslöffel Dill verrühren und mit Salz und Pfeffer abschmecken.

4 Den geräucherten Lachs in kleine Stückchen zupfen und mit dem restlichen Frischkäse, Dill, Zitronensaft und den Kapern verrühren. Ebenfalls mit Salz und Pfeffer abschmecken.

5 1 Esslöffel einer Füllung auf das Ende eines Gurkenstreifens setzen und diese vorsichtig aufrollen. Gegebenenfalls mit einem Zahnstocher fixieren. Alle Gurkenstreifen auf diese Weise mit den beiden Cremes bestreichen. Für den Transport stoßsicher in Boxen verschließen.

 2 Portionen

 ca. 25 Minuten

Pro Portion ca. 481 kcal/2008 kJ, 30 g E, 39 g F, 4 g KH

ZUTATEN

1 Salatgurke
2 El eingelegte Kapern
90 g Thunfisch (aus der Dose)
220 g Frischkäse
Saft von 1 Zitrone
1 El frisch gehackter Dill
Salz
Pfeffer
90 g geräucherter Lachs

Außerdem
ggf. Zahnstocher

SÜSSE FITMACHER

für unterwegs

APRIKOSEN-KOKOS-SMOOTHIE

 2 Portionen

 ca. 10 Minuten

 Pro Portion ca. 437 kcal/1827 kJ, 5 g E, 43 g F, 15 g KH

Die Aprikosen waschen, halbieren, entsteinen und grob hacken. Mit den anderen Zutaten sehr fein mixen und in Flaschen oder Schraubgläser abfüllen.

ZUTATEN

200 g reife Aprikosen

400 ml Kokosmilch

1 Tl Zitronensaft

einige Fäden Safran

Mark von 1 Vanilleschote

Außerdem

2 Flaschen oder Schraubgläser à 350 ml

TIPP

Die Menge der Kokosmilch reduzieren und stattdessen Kokoswasser verwenden. Der Smoothie wird dann allerdings etwas dünnflüssiger.

BROMBEERSHAKE
mit Joghurt

1 Die Brombeeren waschen und verlesen. Die Melisse waschen und die Blättchen abzupfen.

2 Alle Zutaten zu einem cremigen Shake mixen und in Flaschen oder Schraubgläser abfüllen.

 2 Portionen

 ca. 10 Minuten

 Pro Portion ca. 300 kcal/1254 kJ, 23 g E, 19 g F, 11 g KH

ZUTATEN

150 g frische Brombeeren
1 Zweig frische Melisse
1 El Agavendicksaft
100 g griechischer Joghurt
250 ml Vollmilch
6 Eiswürfel

Außerdem

2 Flaschen oder
Schraubgläser à 350 ml

TIPP
Sollten Brombeeren gerade keine Saison haben, einfach TK-Ware verwenden.

BLAUBEERSHAKE
mit Spinat

 2 Portionen

 ca. 10 Minuten

 Pro Portion ca. 260 kcal/1089 kJ, 12 g E, 18 g F, 11 g KH

Den Spinat verlesen, waschen und trocken schütteln. Mit allen übrigen Zutaten fein mixen und zum Transport in Flaschen oder Schraubgläser abfüllen.

ZUTATEN
15 g frischer Spinat
350 ml Vollmilch
80 g frische Blaubeeren (oder TK)
1 Msp. Zimt
1 Msp. Kardamom
1 El Chiasamen
2 Eigelb

Außerdem
2 Flaschen oder Schraubgläser à 250 ml

TIPP
Der Mix aus Spinat, Soja, Chiasamen und Eigelb macht aus dem Shake eine echte Proteinbombe. Blaubeeren verleihen einen intensiven Geschmack und haben fast keine Kohlenhydrate.

HIMBEER-JOGHURT-SMOOTHIE

1 Die TK-Himbeeren auftauen lassen, die frischen direkt in einen Mixer geben und kurz mixen. Alternativ in ein hohes Gefäß geben und mit dem Pürierstab pürieren.

2 Birkenzucker, Joghurt und Vanillemark zugeben. Alles zusammen zu einer homogenen Masse mixen. Anschließend so viel Mich zugießen, bis eine cremig fließende Konsistenz entsteht.

3 Den Smoothie in Flaschen oder Schraubgläser abfüllen.

 2 Portionen

 ca. 10 Minuten

 Pro Portion ca. 201 kcal/832 kJ, 14,5 g E, 9,7 g F, 19 g KH

ZUTATEN

400 g Himbeeren
(frisch oder TK)

2 El Birkenzucker

300 g Naturjoghurt
(3,5 % Fett)

ca. 100 ml Milch

Mark von ½ Vanilleschote

Außerdem

2 Flaschen oder
Schraubgläser à 350 ml

HANFSHAKE
mit Blaubeeren

1 Die Datteln ca. 1 Stunde in wenig Wasser einweichen. Die Datteln abgießen, das Einweichwasser aufheben. Die Blaubeeren waschen und verlesen.

2 Die geschälten Hanfsamen zusammen mit 600 Milliliter Einweichwasser in einem Standmixer zu einer milchigen Flüssigkeit pürieren. Wem das Getränk zu cremig ist, gibt es durch ein feines Sieb oder ein Passiertuch und fängt nur die Flüssigkeit auf.

3 Den Hanf-Drink zusammen mit den Datteln, den Blaubeeren und 1 Prise Vanille oder Zimt im Mixer pürieren, bis ein sämiger Shake entstanden ist. In Flaschen oder Schraubgläser abfüllen.

 2 Portionen

 ca. 10 Minuten (plus Einweichzeit)

 Pro Portion ca. 626 kcal/2598 kJ
14 g E, 19,5 g F, 16,3 g KH

ZUTATEN

2 Medjool-Datteln
(oder große Softdatteln
aus dem Bioladen)

300 g Blaubeeren

250 g geschälte Hanfsamen
(alternativ gehäutete Mandeln)

1 Prise gemahlene Vanille
oder Zimtpulver

Außerdem

2 Flaschen oder
Schraubgläser à 400 ml

 **TIPP**

Dieser Drink ist recht nahrhaft und sättigend und kann auch gut zum Frühstück getrunken werden.

SMOOTHIE BOWL
mit Power

 2 Portionen

 ca. 15 Minuten
(plus Abkühlzeit)

 Pro Portion ca. 399 kcal/1666 kJ,
14 g E, 31 g F, 19 g KH

ZUTATEN

50 g Mandeln

2 El frische Blaubeeren
(oder TK)

50 g frische Himbeeren
(oder TK)

1 kleine Banane

150 ml Vollmilch

2 El Magerquark

Mark von ½ Vanilleschote

2 El geschrotete Leinsamen

40 g Kokoschips

Außerdem

2 Schraubgläser à 400 ml

1 Die Mandeln grob hacken und in einer Pfanne ohne Fett goldbraun rösten. Abkühlen lassen.

2 Blaubeeren und Himbeeren waschen und verlesen. Die Banane schälen. Die Früchte mit der Milch, dem Quark, 100 Milliliter Wasser und dem Vanillemark fein mixen.

3 In Schraubgläser abfüllen und mit Leinsamen, gerösteten Mandeln und Kokoschips bestreuen. Gut verschließen und erst vor dem Verzehr verrühren.

 **TIPP**

Für eine zusätzliche Reduzierung der Kohlenhydrate die Banane weglassen und stattdessen 2–3 Esslöffel Sahne-quark dazugeben.

QUARKMUFFINS
mit Blaubeeren

1 Den Backofen auf 180 °C vorheizen und die Mulden des Muffinblechs gut einfetten.

2 Den Mozzarella gut abtropfen lassen und grob hacken. Mit Magerquark, Frischkäse und Eiern glatt pürieren. Vanillemark, Safran, Zitronenschale, Salz und Birkenzucker einrühren und den Teig in die Muffinformmulden gießen. Die Blaubeeren darauf verteilen.

3 Die Muffins im vorgeheizten Backofen ca. 45 Minuten backen und bei geschlossener Tür im Backofen auskühlen lassen.

 6 Stück

 ca. 10 Minuten (plus Back- und Abkühlzeit)

 Pro Stück ca. 163 kcal/679 kJ, 35 g E, 9 g F, 7 g KH

ZUTATEN

60 g Mozzarella

250 g Magerquark

100 g Frischkäse

2 Eier

Mark von ½ Vanilleschote

1 Tütchen gemahlener Safran (0,1 g)

abgeriebene Schale von ½ unbehandelten Zitrone

1 Prise Salz

2 El Birkenzucker

50 g frische Blaubeeren (oder TK)

Außerdem

6er-Muffinform

Fett für die Muffinform

TIPP
Statt Birkenzucker (Xylit) können Sie auch Erythrit verwenden. Erythrit sorgt dafür, dass der Teig beim Backen schön aufgeht. Eine zusätzliche Alternative ist Stevia, das wesentlich süßer ist als Zucker. 4 Tropfen flüssiges Stevia ersetzen ca. 2 Esslöffel Zucker.

TIPP
Statt Leinsamen
(oder zusätzlich) können
Sie auch Chiasamen
verwenden.

KNUSPERRIEGEL
mit Nüssen und Saaten

1 Den Backofen auf 175 °C vorheizen und eine Kastenform mit Backpapier auslegen.

2 Die Schokolade nicht zu fein hacken und die Hälfte beiseitestellen. Mandeln, Walnuss- und Kürbiskerne in einem Blitzhacker nicht zu fein zerkleinern. Mit der Schokolade, Sesamsamen, Leinsamen und Kokosflocken vermischen und mit den übrigen Zutaten gut verrühren. Die Masse in der Backform verteilen, glatt streichen und 15–20 Minuten backen.

3 Etwas auskühlen lassen, aus der Backform lösen, in 10 Riegel schneiden und auf einem Kuchengitter vollständig auskühlen lassen.

4 Die restliche Schokolade über einem Wasserbad schmelzen, in einen Spritzbeutel füllen und feine Linien über die Riegel ziehen. Vollständig auskühlen lassen.

 10 Stück

 ca. 15 Minuten (plus Abkühlzeit)

 Pro Stück ca. 185 kcal/777 kJ, 4,8 g E, 17 g F, 4 g KH

ZUTATEN
50 g dunkle Schokolade
(mindestens 70 % Kakaoanteil)

40 g Mandeln

40 g Walnusskerne

25 g Kürbiskerne

25 g Sesamsamen

1 Tl Leinsamen

25 g Kokosflocken

3 El Kokosöl

2 El Tahini

Mark von ½ Vanilleschote

1 Tl Zimt

1 Prise Salz

1 Ei

Außerdem
1 Kastenform
(ca. 25 bis 30 cm lang)

Blaubeer-Vanille-
FRUCHTLEDER

1 TK-Blaubeeren auftauen lassen, frische Blaubeeren waschen und trocken tupfen. Zusammen mit dem Sirup fein pürieren.

2 Den Backofen auf 65 °C Umluft vorheizen. Ein Backblech mit einer Silikon-Backmatte oder Backpapier belegen und das Püree ganz gleichmäßig darauf 1–2 Millimeter dick verstreichen. Im Backofen 4–5 Stunden trocknen lassen, nach 30 Minuten die Temperatur auf 50 °C reduzieren.

3 Nach der Hälfte der Zeit die Masse vom Backpapier bzw. der Matte lösen, umdrehen und ohne Papier oder Matte fertig trocknen lassen. Dann in Streifen oder andere beliebige Formen schneiden. Trocken und luftdicht aufbewahren.

 1 Blech/4 Portionen

 ca. 15 Minuten, (plus ca. 5 Stunden Zeit zum Trocknen)

 Pro Portion ca. 49 kcal/205 kJ, 0 g E, 0 g F, 11 g KH

ZUTATEN
200 g Blaubeeren
(frisch oder TK)
3 El Vanillesirup

 TIPP

Wer keinen Vanillesirup zur Hand hat, nimmt ½ Teelöffel gemahlene Vanille und 2 Teelöffel Xylit oder Erythrit.

Locker-leichte
MANDELWAFFELN

1 Mandelmehl, Backpulver, Salz und Birkenzucker in einer Schüssel miteinander verrühren. Öl und Eier einrühren und sehr gut verrühren. Nach und nach die Sahne zugeben, zu einem glatten Teig rühren und 15 Minuten ruhen lassen.

2 Das Waffeleisen nach Gebrauchsanweisung einfetten, vorheizen und den Teig darin ausbacken.

 2 Portionen

 ca. 10 Minuten (plus Ruhe- und Backzeit)

 Pro Portion ca. 823 kcal/3442 kJ, 25 g E, 77 g F, 13 g KH

ZUTATEN

100 g Mandelmehl

½ Tl Backpulver

1 Prise Salz

1 El Birkenzucker

2 El geschmacksneutrales Pflanzenöl

3 Eier

200 ml Sahne

Außerdem

Fett für das Waffeleisen

TIPP
Birkenzucker (Xylit) gehört zu den Kohlenhydraten, die der menschliche Körper insulinunabhängig abbaut und nicht auf direktem Weg in Glucose verstoffwechselt.

OBSTSALAT
mit Avocado und Quark

 2 Portionen

 ca. 20 Minuten (plus Abkühlzeit)

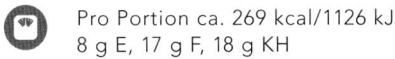 Pro Portion ca. 269 kcal/1126 kJ, 8 g E, 17 g F, 18 g KH

ZUTATEN
1 Orange
1 Clementine
½ Grapefruit
1 Avocado
1 El Honig
75 g Sahnequark
Mark von ¼ Vanilleschote
30 g Mandelblättchen

Außerdem
2 Schraubgläser à 350 ml

1 Die Orange, Clementine und halbe Grapefruit schälen und filetieren. Den Saft dabei jeweils auffangen. Die Avocado halbieren, den Stein entfernen und die Avocado schälen. Das Fruchtfleisch würfeln und mit den Fruchtfilets vermengen.

2 Den aufgefangenen Fruchtsaft in einem kleinen Topf mit dem Honig verrühren, zum Kochen bringen und um die Hälfte einreduzieren lassen. Abkühlen lassen und mit den Früchten vermengen.

3 Den Quark mit 2–3 Esslöffel Wasser glatt rühren und mit Vanillemark aromatisieren. In 2 Schraubgläser füllen und den Obstsalat sowie die Mandelblättchen darauf verteilen.

TIPP
Wer mag, röstet die
Mandelblättchen
in einer Pfanne ohne
Fett goldbraun an.

SCHOKO-BITES
mit Erdnüssen

1 Die beiden Mini-Kastenformen mit Backpapier auslegen.

2 Die Schokolade mit der Butter in einem nicht zu heißen Wasserbad schmelzen. Erdnussbutter und Gewürze zugeben und gut verrühren.

3 Die Schokoladen-Buttermasse in die beiden Formen gießen und glatt streichen. 5 Minuten abkühlen lassen, dann die gehackten Erdnüsse auf der Masse verteilen. Im Kühlschrank 2 Stunden auskühlen lassen.

4 Aus der Form stürzen, das Backpapier vorsichtig abziehen und die beiden Riegel in jeweils 3 Stücke schneiden.

 6 Stück

 ca. 10 Minuten (plus Abkühlzeit)

 Pro Stück ca. 296 kcal/1237 kJ, 8 g E, 25 g F, 10 g KH

ZUTATEN

100 g dunkle Schokolade
(mindestens 70% Kakaoanteil)

4 El Butter

4 El Erdnussbutter

1 Prise Salz

Mark von ½ Vanilleschote

1 Tl Zimt

4 El gehackte,
gesalzene Erdnüsse

Außerdem

2 Mini-Kastenformen
(je ca. 6 x 11 cm)

 **INFO**

Erdnussbutter geizt zwar nicht mit ihrem Fettgehalt, hat aber relativ wenig Kohlenhydrate. Bei der Bitterschokolade sollte der Kakaoanteil relativ hoch sein.

REZEPTVERZEICHNIS